ROMEON
VERLAG

Die Weisheit der fünf Weltreligionen

1. Auflage, erschienen 2-2023

Umschlaggestaltung: Romeon Verlag
Text und Fotos Corinna Diederichs

Layout: Romeon Verlag

ISBN: 978-3-96229-446-5

www.romeon-verlag.de

Bibliografische Information der Deutschen Nationalbibliothek:
Die Deutsche Nationalbibliothek verzeichnet diese Publikation in der Deutschen Nationalbibliografie; detaillierte bibliografische Daten sind im Internet über *http://dnb.dnb.de* abrufbar.

Die Weisheit der fünf Weltreligionen

Eine Entdeckungsreise zu ihren Gemeinsamkeiten und ihrem aktuellen gesellschaftlichen Wert

Inhalt

Nichts ist beständig und die Verweigerung dieser Einsicht, ist die Ursache des Leidens.

(aus dem Suttanipata, der Meister an den Upasiva, Buddhismus)

Vorwort

Seit jeher suchen Menschen nach ihrem Ursprung „Wo kommen wir her?“, nach ihrem Lebenssinn „Warum sind wir hier?“ und versuchen, die Frage zu beantworten „Was kommt danach?“.

Die Sehnsucht nach einem umspannenden großen Ganzen und damit dem Verständnis für das Unerklärbare ist in uns angelegt, so auch das Verlangen nach innerem Halt in schwierigen Lebensphasen, in denen wir die Verantwortung gerne abgeben möchten. Wir verfügen über ein inneres Wertesystem und Vorstellungen über das, was wir als Gut empfinden und was als Böse. So fanden und finden immer noch Regeln ihren Ursprung, die uns ein Geländer für ein menschliches Miteinander geben.

Seit Jahrhunderten suchen Menschen in allen Teilen der Erde Antworten auf ihre grundsätzlichen Fragen und Hilfestellungen bei der Lösung ihrer alltäglichen Sorgen. Naturreligionen, die fünf größten Weltregionen, aber auch Philosophien und Ideologien versuchten die großen Fragen zu beantworten und Hilfestellungen im alltäglichen Leben zu geben. Sie entwickelten innerhalb ihrer Vorstellungen ethische Grundsätze, erklärten sie zur unumstößlichen, gültigen Wahrheit, bekämpften Andersdenkende und ließen dabei die eigenen ethischen Grundsätze völlig außer Acht (der Zweck heiligt die Mittel). Wirklich weiter gebracht hat es die Menschheit nicht, wie wir sehen. Denn sie krankt immer noch daran, ehemals Gutes und Menschheit erhaltendes Regelwerk für eigene Machtzwecke zu missbrauchen oder nur aus Unwissenheit, Andersdenkende zu diffamieren oder zu bekämpfen. Gibt es einen Ausweg aus diesem Dilemma?

Sich auf eine Entdeckungsreise nach den Gemeinsamkeiten der fünf Weltreligionen zu begeben, kann den Weg für neue Überlegungen frei machen.Wir finden in in ihren Texten mehr verwandte Aussagen über Gottesvorstellungen und -bilder, die Schöpfung, Liebe, Erkenntnis und über ethische Grundsätze, als wir gemeinhin denken. Auch wenn einzelne Geschichten, Bilder, Symbolik und Aussagen über Details der Lebensführung, historisch und geographisch bedingt, sehr unterschiedlich sind und auch sein müssen, gibt es die Gemeinsamkeiten im Wesentlichen. Diese werden sichtbar im Suchen nach Antworten auf die vier W-Fragen (Wo kommen wir her? Warum sind wir hier? Welche ethischen Werte leiten uns? Wo gehen wir hin?). Dabei legt das Buch nicht den Schwerpunkt darauf, wie die Fragen im Detail beantwortet werden, sondern darauf, dass sie überhaupt gestellt werden.

Demzufolge werden „Gottesbilder“, „Schöpfungsvorstellungen“, “ Regeln“, “ethische Werte“ und „Wege zur Erkenntnis“ der zentralen Texte der fünf Weltreligionen nebeneinander gestellt, ohne eine Wertung vornehmen zu wollen. Ein weiteres Augenmerk richtet sich auf den Begriff der „Liebe“ in diesen Zentraltexten. Er ist unbestritten von herausragender Bedeutung für das menschliche Zusammenleben.

Implizit werden in den ausgewählten Texten über Gottesbilder, Schöpfungsvorstellungen, ethische Werte und Liebe auch Rückschlüsse auf Antworten der vier W-Fragen vermittelt. Berücksichtigt werden müssen allerdings immer die historischen und soziokulturellen Hintergründe zur Zeit der Entstehung der Texte.

Klingt das Nebeneinanderstellen von zentralen Texten der fünf Weltreligionen mit dem Ziel, Gemeinsamkeiten zu erspüren nach unzulässiger Vereinfachung? Die Verehrung des großen umfassenden Ganzen, des Göttlichen und die Suche nach Hilfe zur Lösung unserer alltäglichen Sorgen leiteten seit tausenden Jahren die Menschheit - eine große Gemeinsamkeit. Warum also sollten wir nicht einmal unseren Blick vom Labyrinth der Details befreien, um Frieden stiftende und versöhnende Gemeinsamkeiten zu erspüren? Vielleicht lohnt es sich.

In der Schöpfung, in der Schönheit der Natur, finden wir die Ausprägung dessen, was uns zufrieden und glücklich macht. Das wird keine Religion der Welt bestreiten und es wird vermutlich auch kein einzelner Mensch bestreiten – wieder eine große Gemeinsamkeit. Die Fotografien, die vorwiegend in der Oberpfalz, Mittel- und Unterfranken sowie Mittelitalien und Sizilien entstanden sind, sollen uns auf eine Reise in die Schönheit unserer Natur mitnehmen und eine Einladung an unser Auge sein, dem Gefühl als Meinungsbildner mehr Raum zu geben. Unser Verständnis darüber, wie mit Natur umzugehen sei, ist unterschiedlich, obwohl Einigkeit über die Schönheit und Sinnhaftigkeit von Natur besteht. Wirtschaftliche Verflechtungen und Zusammenhänge sind komplex und unterschiedliche Bestrebungen verschiedener Interessensgruppen komplizieren zusätzlich und verstellen gern den Blick für das wirklich Wichtige. Wäre nicht hier eine Entdeckungsreise zu den Gemeinsamkeiten der fünf Weltreligionen angebracht? Durch ihre Weisheit nehmen sie uns ein wenig von der empfundenen Komplexität des Alltags. Sie öffnen unser Auge für Glück, das uns bisher verborgen blieb. Warum sollten wir uns also nicht das uns vermittelte Gefühl beim Anblick von Natur als Entscheidungsgrundlage in unser Bewusstsein rufen, wenn es um den Umgang mit Natur geht?

So verstanden, möchte dieses Buch eine Einladung zur Vereinfachung des Komplexen sein. Es nimmt uns mit auf eine Entdeckungsreise zu den Gemeinsamkeiten der fünf Weltreligionen, mit dem Ziel, unsere Erkenntniswelt zu erweitern und daraus einen Wert für uns und unsere Gesellschaft zu erhalten.

Corinna Diederichs

Freystadt, 25. April 2020

Gottesbilder und Schöpfung

Brahman ist das Unvergängliche, das Höchste; das individuierte Selbst nennt man die je eigene Natur; unter Handeln versteht man die schöpferische Kraft, die alle Wesen zum Sein bringt.

(aus: Bhagavad Gita, Kapitel 8, Die Entfaltung des Ewigen Brahman, Hinduismus)

Eine wunderbare Stimme hat der Avalokiteschvara,
die Stimme des Brahma, die Stimme des Meeres bei Gezeiten,
Eine Stimme, die in dieser Welt herausragt.
Deshalb muss man sie immer bedenken,
Und niemals soll man in Gedanken Zweifel haben.

(aus: Lotus-Sutra, Kapitell XXV, Das universale Tor des Bodhisattva Avalokiteschvara, Buddhismus)

Und Hiob antwortete dem Herrn und sprach: Ich erkenne, dass du alles vermagst, und nichts, dass du dir vorgenommen hast, ist dir zu schwer.

(aus: Hiob 42, Judentum)

Lobe den Herrn, meine Seele!
Herr, mein Gott, du bist sehr groß;
Mit Pracht und Majestät bist Du bekleidet.
Du, der sich in Licht hüllt, wie in ein Gewand,
der den Himmel ausspannt wie eine Zeltbahn,
Der seine Obergemächer zimmert in den Wassern,
Der Wolken zu seinen Wagen macht
Und einher fährt auf den Flügeln des Windes...

(aus: Psalmen, Psalm 104, Christentum)

Er ist Gott, außer dem es keinen Gott gibt, der über das Unsichtbare und das Offenbare Bescheid weiß. Er ist der Erbarmer, der Barmherzige.
Er ist Gott, außer dem es keinen Gott gibt, der König, der Heilige, der Inbegriff des Friedens, der Stifter der Sicherheit, der alles fest in der Hand hat, der Mächtige, der Gewaltige, der Stolze. Preis sei Gott!
Er ist Gott, der Schöpfer, der Erschaffer, der Bildner. Sein sind die schönsten Namen. Ihn preist, was in den Himmeln und auf der Erde ist.
Und Er ist der Mächtige, der Weise.

(aus: Koran, Sura 59, al-Haschr, die Versammlung, Islam)

Schau, Pritha-Sohn, meine Gestalten hundertfach und tausendfach,
verschiedenartige, himmlische, und von unterschiedlichen Farben und Formen.

(aus: Bhagavad Gita, Kapitel 11, Hinduismus)

Gesegneter, Du bist der Beschützer aller fühlenden Wesen ohne Ausnahme,
du bist die Gottheit, die das nicht endende Übel mit seinen Armeen überwindet,
du erkennst alle Dinge ohne Ausnahme einwandfrei; ich bitte dich,
mit deinen Begleitern an diesen Ort zu kommen.

(aus: Anrufung des Boddhisatva Manjusri, der von lieblicher Schönheit, Buddhismus)

Erhaben ist der lebendige Gott und gepriesen, er ist,
und keine Zeit beschränkt sein Dasein.
Er ist einzig und nichts ist einzig gleich seiner Einheit.

Er war früher als jedes Ding, das erschaffen worden; er ist der Erste und seine Ewigkeit begrenzt kein Anbeginn.

(aus: Dreizehn Glaubensartikeln, Judentum)

Dankt dem Herrn, denn er ist gütig, denn seine Gnade währt ewiglich!

(aus: Die Psalmen, Psalm 106, Christentum)

Gott ist das Licht der Himmel und der Erde. Sein Licht ist einer Nische vergleichbar, in der eine Lampe steht.

(aus: Koran, Sura 24, an-Nûr, das Licht, Islam)

Ich sehe alle Götter in deinem Leib, o Gott, und alle Arten von Wesen zusammengeworfen. – Brahma, den Herrn, auf dem Lotosthron sitzend und all die Seher und göttlichen Schlangenwesen. Ich sehe dich überall: eine unendliche Gestalt mit zahllosen Armen, Bäuchen, Mündern, Augen; kein Ende, keine Mitte,
und auch keinen Anfang von dir erblicke ich, o All-Herr, du All-Gestalt!

(aus: Bhagavad Gita, Kapitel 11, Hinduismus)

Ich bitte Euch, Amitabha und Avalokiteschvara, seid uns in allen Lebenszeiten die Geistigen Lehrer, lehrt uns in rechter Weise den untrügerischen Guten Pfad und versetzt uns schnell in den Zustand eines Buddha.

(aus: Meditationstext über Bodhisatva Avalokiteschvara, Buddhismus)

Gelobt seist du, Ewiger, unser Gott und Gott unserer Väter, Gott Abrahams, Gott Isaaks und Gott Jakobs, großer starker und furchtbarer Gott, höchster Gott, der beglückende Wohltaten erweisest und Eigner des Alls bist, der Du der Frömmigkeit der Väter gedenkst und einen Erlöser bringst ihren Kindeskindern um deines Namens willen in Liebe.

(aus: „Gebet für den Versöhnungstag"; Der Versöhnungstag ist der höchste Feiertag im jüdischen Kalender; das Gebet an diesem Tag vereint fast alle Glaubensthemen, Judentum)

Höre Israel, der Herr ist unser Gott, der Herr allein!
Und du sollst den Herrn, deinen Gott, lieben mit deinem ganzen Herzen
und mit deiner ganzen Seele und mit deiner ganzen Kraft.
(aus: Die Bücher Mose, 5. Buch, 6.4, Christentum)

Gott ist ein Einziger,
Er ist der Unveränderliche
Weder zeugte er Kinder, noch ist er gezeugt.
Und nichts ist ihm gleich.
(aus: Koran, Sura 112, al-Ikhlâs, die Glaubenstreue, Islam)

Du bist das Unzerstörbare, das Höchste, das man wissen kann; Du bist der höchste Ruheplatz dieses Alls. Du bist der unveränderliche Hüter der ewigen Weltordnung, du bist der Ewige höchste Geist, so denke ich.

(aus: Bhagavad Gita, Kapitel 11, Hinduismus)

Mögen alle Wesen Glück erfahren und die Ursache von Glück. Mögen alle Wesen frei sein von Leid und den Ursachen von Leid.

Mögen alle Wesen nie getrennt sein vom Glück ohne Leid. Mögen alle Wesen in Gleichmut leben ohne Anziehung und Abwehr, nicht nah den einen und fern den anderen.

(aus: Gebeten zu Beginn einer Meditation, Die vier unermesslichen Gedanken, Buddhismus)

Er ist mein Hirt,
mir mangelts nicht.
Auf Grastriften lagert er mich
Zu Wassern der Ruh
Führt er mich.
(aus: Psalm 23, Harfenlied Davids, Judentum)

Vertraut auf den Herrn allezeit, denn Jah, der Herr, ist ein Fels in den Ewigkeiten.

(aus: Das Buch des Propheten Jesaja, Jesaja, 264, Christentum)

Im Namen Gottes, des Erbarmers, des Barmherzigen.
Lob sei Gott, dem Herrn der Welten,
dem Erbarmer der Barmherzigen,
der Verfügungsgewalt besitzt über den Tag des Gerichtes.
Dir dienen wir, und Dich bitten wir um Hilfe.
Führe uns den geraden Weg, den Weg derer, die Du begnadet hast,
die nicht dem Zorn verfallen und nicht
irregehen.

(aus: Koran, Sura 1: al-Fâtiha, die Eröffnende, Islam)

Ohne Anfang, Mitte und Ende, von unendlicher Kraft, mit endlos vielen Armen, Mond und Sonne als Augen, so erblicke ich dich, den Mund wie ein verzehrend Opferfeuer, wie du dieses All mit deinem eigenen Glanz verbrennst.

(aus: Bhagavad Gita, Kapitel 12, Hinduismus)

Segne mich und alle Wesen. Mögen wir befreit werden vom Geist der drei Gifte, denn ich opfere hier ohne Verhaftung meinen Körper, Freund, Feind und Fremden sowie allen Besitz, die Objekte von Gier, Unwissenheit und Hass.

(aus: Inneres Mandala, Buddhismus)

Nicht nach unsern Sünden wirkt er an uns,
nicht nach unsern Fehlern fertigt ers uns,
sondern wie hoch Himmel über der Erde,
ist seine Huld den ihn Fürchtenden überlegen,
wie fern Aufgang von Abend,
entfernt er von uns unsre Abtrünnigkeiten.

(aus: Psalm 103, von Dawid, Judentum)

Denn der Herr gibt Weisheit. Aus seinem Mund kommen Erkenntnis und Einsicht.
(aus: Die Sprüche, Sprüche 2,6, Christentum)

Zu seinen Zeichen gehören die Erschaffung der Himmel und der Erde und auch die Verschiedenheit eurer Sprachen und Arten. Darin sind Zeichen für die Wissenden.

(aus: Koran, Sura 30: ar-Rûm, die Byzantiner, Islam)

Sind Erde, Raum und Himmel denn außer Dir, wenn Du der weite Raum doch bist?
Licht bist Du in Dir selbst, unabhängig vom siebenzüngigen Feuer.
Der Sonne und Mond; zuverlässiges Wissen bist Du
Für alles Leben in dieser Welt und dem Himmelsraum;
Du bist die Ganzheit und das Absolute;
Ewig bist Du und ohne Beziehung; Ausdehnung bist Du und Nirguna (der, der ohne Attribute ist, Attribute, die Materiellem zukommen)

(aus: Liedern zur Gottesmystik Südindiens, Hinduismus)

Mögen durch die Kraft dieser Bemühungen alle Wesen von zerstörerischem Tun und Denken ablassen und in Freundschaft, Liebe, Mitgefühl und Harmonie zusammenleben.
(aus: Widmungsgebet, Boddhisatva Manjusri, Buddhismus)

Eh die Berge wurden geboren,
Erde kreißte und Welt,
von Zeiten her bis in Zeiten
Gottheit bist Du.

(aus: Psalm 90, Ein Gebet Mosches, des Mannes Gottes; Judentum)

Und Gott sprach: Es sammle sich das Wasser unter dem Himmel an einem Ort, damit man das Trockene sehe! Und es geschah so.
Und Gott nannte das Trockene Erde; aber die Sammlung der Wasser nannte er Meer.

(aus: Das erste Buch Mose, ‚Genesis', Mose 1,9, Christentum)

Euer Herr ist Gott, der die Himmel und die Erde in sechs Tagen erschuf und sich dann auf dem Thron zurechtsetzte.

(aus: Koran, Sura 7, al-Aʿrâf, die Höhen, Islam)

Beim Aufleuchten der Morgenröte, beim Aufgang der Sonne besteigt ihr, Mitra-Varuna, den goldgeschmückten, von ehernen Säulen getragenen Thron. Von da werdet ihr auf Ewigkeit und Vergänglichkeit schauen.

(aus: Rigveda V, 62, Mitra-Varuna, Hinduismus)

Es war zu der Zeit, da Gott der Herr Erde und Himmel machte.
Ein Nebel stieg auf von der Erde und feuchtete alles Land.

(aus: Genesis/Be-Reschit, Kap. 2, Judentum)

Und Gott segnete sie und sprach: Seid fruchtbar und mehret euch
und füllt das Wasser in den Meeren,
und die Vögel sollen sich mehren auf der Erde.
(aus: Das erste Buch Mose, Mose 1,22, Christentum)

Und es gehört zu seinen Zeichen, dass er euch den Blitz als Grund zur Angst und
zum Begehren sehen lässt und er Wasser vom Himmel herabkommen lässt
und damit die Erde nach ihrem Absterben belebt.
Darin sind Zeichen für Leute, die Verstand haben.

(aus: Koran, Sura 30: ar-Rûm, die Byzantiner, Islam)

Mitra-Varuna, ihr Könige, truget Erde und Himmel durch Eure Macht.
Ihr ließet die Pflanzen wachsen, machtet die Rinder strotzen,
ließet schnell spendend den Regen strömen.

(aus: Rigveda V, 62, Mitra-Varuna, Hinduismus)

Und Er ist es, der die Winde als frohe Kunde seiner Barmherzigkeit vorausschickt. Wenn sie dann eine schwere Bewölkung herbeitragen, treiben Wir sie zu einem abgestorbenen Land, senden dadurch das Wasser hernieder und bringen dadurch allerlei Früchte hervor.

(aus: Koran, Sura 7, al-A‘râf, die Höhen, Islam)

Ach, ihr Dürstenden alle, kommt her zum Wasser!

(aus Jesaja 55,1, Judentum)

Und Gott sprach: Sehet, das ich habe euch gegeben, alle Pflanzen, die Samen bringen auf der ganzen Erde, und alle Bäume mit Früchten, die Samen bringen, zu Eurer Speise.

(aus: Genesis/Be-Reschit 1, Judentum)

So wurden der Himmel und die Erde vollendet samt Ihrem Heer.
Und Gott hatte am siebten Tag sein Werk vollendet, das er gemacht hatte;
Und er ruhte am siebten Tag von seinem ganzen Werk, das er gemacht hatte.
(aus: Das erste Buch Mose, ‚Genesis' Mose 2,2, Christentum)

Er ist es, der die Schöpfung am Anfang macht und sie dann wiederholt.
Und das ist für Ihn noch leichter. Er besitzt die höchste Eigenschaft in den Himmeln und auf der Erde, und er ist der Mächtige, der Weise.

(aus: Koran, Sura 30: ar-Rûm, die Byzantiner, Islam)

Ich will Vishnus gewaltige Taten verkünden, der die Reiche der Erde ausmaß, der den oberen Platz (Himmel) festigte; dreimal schritt dabei der Wegschreiter aus. Wegen seiner gewaltigen Tat wird Vishnu gepriesen, der wie ein wildes Tier in gewaltigen Sätzen läuft und auf den Bergen wohnt. In seinen drei Schritten wohnen alle Wesen.

(aus: Rigveda 1, 154, Vishnu, Hinduismus)

Das ist die Schöpfung Gottes, die Er für die Menschen festgelegt hat.
Die Schöpfung Gottes kann nicht abgeändert werden. Aber die meisten Menschen wissen nicht Bescheid.

(aus: Koran, Sura 30: ar-Rûm, die Byzantiner, Islam)

Regeln und ethische Werte

Wer kein einziges Wesen hasst, freundlich ist und voller heilender Hinwendung, frei von Ich und mein, Gleichmut wahrend in Lust und Leid, voller Geduld, zufrieden immer in geeintem Bewusstsein, voller Selbstzucht, mit festem Entschluss, wessen Denken und Vernunft in mir festgemacht sind, der mir in Liebe hingegeben ist, der ist mir lieb.

(aus: Bhagavad Gita, Kapitel 12, Hinduismus)

Wenn du den Esel deines Widersachers unter seiner Last liegen siehst,
so lass ihn nicht im Stich, sondern hilf mit ihm zusammen dem Tiere auf.
(aus: Exodus/Schemoth 23, Judentum)

So soll der handeln, der das Heil erstrebt,
nachdem die stille Stätte er erkannt, er sei energetisch, aufrecht, unbeirrt,
sanft und ansprechbar, hat Stolz verbannt.
(aus: Sutta von der Güte, 1, Mettasutta, Buddhismus)

Gib dem, der dich bittet und wende dich nicht ab von dem, der etwas von Dir borgen will!

(aus: „Die Bergpredigt", Evangelium nach Matthäus, Kap. 5, Christentum)

Denen, die glauben und tun, was recht ist, die das Gebet verrichten und die Almosensteuer geben, steht bei ihrem Herrn ihr Lohn zu, und sie brauchen keine Angst zu haben, denn sie werden nicht traurig sein.

(aus: Koran, Sura 2, al-Baqara, die Kuh, Islam)

Vor wem die Welt nicht zittert und wer nicht zittert vor der Welt,
wer frei ist von Erregung, Ungeduld, Furcht und Zittern,
der ist mir auch lieb.

(aus: Bhagavad Gita, Kapitel 12, Hinduismus)

Dies, Mönche, ist die edle Wahrheit von dem zur Leidensaufhebung führenden Wege,
es ist dieser achtfache Weg, nämlich
Rechte Ansicht,
Rechter Entschluss,
Rechte Rede,
Rechtes Verhalten,
Rechter Lebensunterhalt,
Rechte Anstrengung,
Rechte Achtsamkeit,
Rechte Meditation.

(aus: Predigt von Benares, oder das Andrehen des Rades der Lehre, Buddhismus)

Auch wirst du in deinem Weinberg nicht Nachlese halten noch die abgefallenen Beeren auflesen, sondern dem Armen und Fremdling wirst du es lassen.

(aus: Leviticus/Wa-yiqra 19, Judentum)

Als er aber die Volksmenge sah, stieg er auf den Berg ...
Glückselig sind die geistlich Armen,
denn ihrer ist das Reich der Himmel!
Glückselig sind die Trauernden, denn sie sollen getröstet werden!
Glückselig sind die Sanftmütigen, denn sie werden das Land erben!
Glückselig sind, die nach Gerechtigkeit hungern und dürsten, denn sie sollen satt werden!
Glückselig sind die Barmherzigen, denn sie werden Barmherzigkeit erlangen!
Glückselig sind die, die reinen Herzens sind, denn sie werden Gott schauen!
Glückselig sind die Friedfertigen, denn sie werden Söhne Gottes heißen.
(aus: „Die Bergpredigt“, Evangelium nach Matthäus, Kap. 5, Christentum)

Gib dem Verwandten sein Recht, ebenso den Armen und dem Fremden,
aber sei nicht verschwenderisch.

(aus: Koran, Sura 17, al-Isrâ, die Nachtreise, Islam)

Jene aber, die das, was ich verkündet habe, als Nektar der Weltordnung ehren, die Glauben haben, für die ich der Höchste bin, die sich mir liebend hingeben – sie sind mir ganz besonders lieb.

(aus: Bhagavad Gita, Kapitel 12, Hinduismus)

Zur ganzen Welt soll Güte er entfalten.
Und seinen Geist von Schranken ganz befreien,
nach oben unten und in flacher Richtung,
nicht eingeengt, von Hass und Feindschaft rein.
(aus: Sutta von der Güte, 8, Mettasutta, Buddhismus)

Die Fremdlinge werdet ihr nicht unterdrücken; denn ihr wisset um der Fremdlinge Herz, weil ihr auch Fremdlinge in Ägyptenland gewesen seid.

(aus: Exodus/Schemoth 23; Judentum)

Ich aber sage Euch: Liebet eure Feinde, segnet, die euch fluchen, tut wohl denen, die euch hassen, und bittet für die, die euch beleidigen und verfolgen...

(aus: „Die Bergpredigt“, Evangelium nach Matthäus, Kap. 5, Christentum)

Und stiftet nicht Unheil auf der Erde, nachdem sie in Ordnung gebracht worden ist.
Und ruft Ihn in Furcht und Begehren an.

(aus: Koran, Sura 7, al-A'râf, die Höhen, Islam)

Wer nicht heiß erregt ist, noch hasst, wer nicht trauert, wen nicht gelüstet,
wer Angenehmes und Unangenehmes aufgegeben hat,
wer voller liebender Hingabe ist, der ist mir lieb.
(aus: Bhagavad Gita, Kapitel 12, Hinduismus)

Möge der kostbare erhabene Geist des Mitleids entstehen, wo er noch nicht entstanden ist; wo er bereits entstanden ist, möge er nicht wieder nachlassen, sondern weiter und weiter anwachsen.

(aus: Meditationstext über Bodhisatva Avalokiteschvara, Buddhismus)

Wer unabhängig ist, rein und rechtschaffen, vorurteilsfrei und aller Sorgen ledig, wer alle Vorhaben aufgegeben hat und mir in Liebe hingegeben ist, der ist mir lieb.

(aus: Bhagavad Gita, Kapitel 12, Hinduismus)

Wer aber die Wahrheit tut, der kommt zu dem Licht, damit seine Werke offenbar werden, dass sie in Gott getan sind.

(aus: Evangelium nach Johannes Kap. 3, 21, Christentum)

Liebe und der Weg zur Erkenntnis

Als die Seher den Dingen ihre Namen gebend der Rede ersten Laut hervorbrachten,
da wurde das Schönste, das Fleckenlose, was Ihnen verborgen war,
aus Liebe offenbar.

(aus: Rigveda X, 71, an die Vac, Hinduismus)

Nach seinem wahren Blick, in dem reinen, lauteren Blick,
Dem weithin reichenden Blick großer Weisheit,
Dem mitleidvollen Blick und dem liebevollen Blick,
Nach ihm soll man sich immer sehnen, zu ihm beständig aufsehen!
(aus: Lotus-Sutra, Kapitell XXV, Das universale Tor des Bodhisattva Avalokiteschvara, Buddhismus)

Du sollst deinen Nächsten lieben, wie dich selbst.

(aus: Leviticus 19, 18, Judentum)

Wenn ich in Sprachen der Menschen und Engel redete und keine Liebe hätte, so wäre ich ein tönendes Erz oder eine klingende Schelle.
Und wenn ich Weissagung hätte und alle Geheimnisse wüsste und alle Erkenntnis, und wenn ich allen Glauben besäße, sodass ich Berge versetzte, aber keine Liebe hätte, so wäre ich nichts.

(aus: Paulusbrief, 1 Korinther, Kap. 13, Christentum)

Und er hat Liebe und Barmherzigkeit zwischen euch gemacht. Darin sind Zeichen für Leute, die nachdenken.

(aus: Koran, Sura 30: ar-Rûm, die Byzantiner, Islam)

Wer gegenüber Freund und Feind gleichgesinnt ist, und ebenso auch gegenüber Ehre und Unehre, Kälte, Hitze, Lust und Leid, wer frei von Anhaften ist –
und wem so auch Tadel und Lob gleich sind, wer schweigsam ist, mit allem zufrieden, ohne Zuhause, festen Sinnes, - der Mensch, der mich hingebend liebt – er ist mir lieb.
(aus: Bhagavad Gita, Kapitel 12, Hinduismus)

Einer, der beständig Geduld, auch bei schmachvoller Behandlung, übt
Und mit allen teilnehmend fühlt,
Der kann darlegen und predigen
Das Sutra, das der Buddha preist

(aus: Lotus-Sutra, Kapitel XIV, Wandel in friedvoller Festigkeit und Freude, Buddhismus)

… er hat erkannt, dass es der Mittlere Weg ist, der sehend macht, Wissen erzeugt, zu Beruhigung, höherer Erkenntnis, Erleuchtung und Verlöschen führt.

(aus: Predigt von Benares, oder das Andrehen des Rades der Lehre, Buddhismus)

Möge der kostbare erhabene Erleuchtungsgeist entstehen, wo er noch nicht entstanden ist; wo er bereits entstanden ist, möge er nicht wieder nachlassen, sondern weiter und weiter anwachsen.

(aus: Meditationstext über Bodhisatva Avalokiteschvara, Buddhismus)

Literaturverzeichnis

Eckhard Wolz-Gottwald, Atlas der Weltreligionen, Via Nova, Petersberg, 2010

Olaf Schumann, Zentrale Texte des Glaubens, Radius, Stuttgart, 2002

Mircea Eliade und Ion P. Culianu, Handbuch der Religionen, Verlag der Weltreligionen, Berlin, 2010

Der Rigveda, 3 Bde, übers. K.F. Geldner, Cambridge, 1951-1957

Paul Deusse, Sechzig Upanishad's des Veda, Darmstadt 1963

Die Bhagavadgita, übers. Richard Garbe, Leipzig 1921

Dalai Lama, Das Herz aller Religionen ist eins, Arkana-Goldmann, Hamburg 1997

Der Sohar, hrg. von Ernst Müller, Eugen Diederichs, Köln-Düsseldorf, 1983

Araschat HaSchawua aus dem Sefer Wajikra – Buch Leviticus, Der wöchentliche Toraabschnitt, kommentiert von Nechama Leibowitz,

Pädagogik Zentrum, Dr. Motti Friedman, Deutsche Seiten Dr. Chani Hinker

Martin Buber, Das Buch der Preisungen, Schoken, Berlin

Die Bibel, Schlachter Version 2000, Genfer Bibel Gesellschaft, Genf 2009

Bernd Moeller, Geschichte des Christentums in Grundzügen, Stuttgart, 1987

Der Koran, aus dem Arabischen übersetzt von Max Henning, Reclam, Ditzingen, 1960

Christine Schirrmacher, Der Islam, Hänssler, Neuhausen-Stuttgart, 1994

Nachwort

Dieses Buch möchte keine religionswissenschaftliche Abhandlung sein oder gar ein bewertender Vergleich zum Thema Weltreligionen. Dennoch wird durch die Literaturauswahl (Primär- und Sekundärliteratur), die zur Erarbeitung der Texte diente, ein solides Fundament geschaffen.

Das Buch will auf die Gemeinsamkeiten menschlichen Denkens anhand vergleichbarer Texte aus den fünf Weltreligionen verweisen. Die Naturbilder unterstreichen mit ihrer Symbolkraft die Aussagen der Texte und stehen für das Erhaltenswerte in unserem Leben. Letztlich ist das Buch ein Aufruf, sich auf das Wesentliche des Lebens zu konzentrieren. Indem man sich auf einen Perspektivwechsel einlässt – in Religionsfragen, wie in Fragen des Umgangs mit der Natur, eröffnen sich neue Blickwinkel und vielleicht auch neue Handlungsfelder für jeden von uns.

Über die Autorin

Corinna Diederichs wurde 1958 in Gelsenkirchen geboren und studierte neben Germanistik und katholischer Theologie, Philosophie mit den Schwerpunkten „Sprachphilosophie“ und „Artificial Intelligence“.

Ihr beruflicher Weg führte sie in die Wirtschaft und in die Internationalität. Über eine Personal- und Unternehmensberatung beschritt sie ihren Weg in das gehobene Management kleinerer und größerer mittelständischer Unternehmen, um anschließend in zehnjähriger Selbständigkeit ihre Ideen und Überzeugungen von Mitarbeiterführung weiterzugeben.

Der Blick auf das ethische Geländer in der Arbeitswelt begleitete sie während ihres gesamten Berufslebens und ließ sie nicht müde werden, sich für einen von gegenseitigem Verständnis geprägten, respektvollen und ehrlichen Umgang in der Unternehmenswelt - auch in wirtschaftlichen schwierigen Situationen und Zeiten - einzusetzen. Sie glaubt an den nachhaltigen Erfolg von Unternehmen, die ihre Mitarbeiter wie Menschen behandeln und nicht wie jederzeit austauschbare Verrichter von Arbeit. Die Erkenntnis der Notwendigkeit eines ethischen Geländers zum Erhalt und zur Stabilisierung von Gesellschaften ist Corinna Diederichs ein Anliegen.

Ihr Mann weckte in ihr die Lust an der Fotografie. Die Naturfotografie zog sie in ihren Bann und der Wunsch entstand, Naturbilder mit einer Entdeckungsreise zu den Gemeinsamkeiten der fünf Weltreligionen in einem Buch zu verbinden. Sie lässt somit den ursprünglichsten Lebensraum des Menschen – die Natur und die ursprünglichsten ethischen, lebenserhaltenden Weisungen, die dem Menschen überliefert sind, zu einer untrennbaren Einheit werden. Die Schönheit der Natur zu erhalten wird zum ethischen Auftrag, dessen Erfüllung wiederum ein lebenswertes Miteinander erst möglich macht.